Couverture inférieure manquante

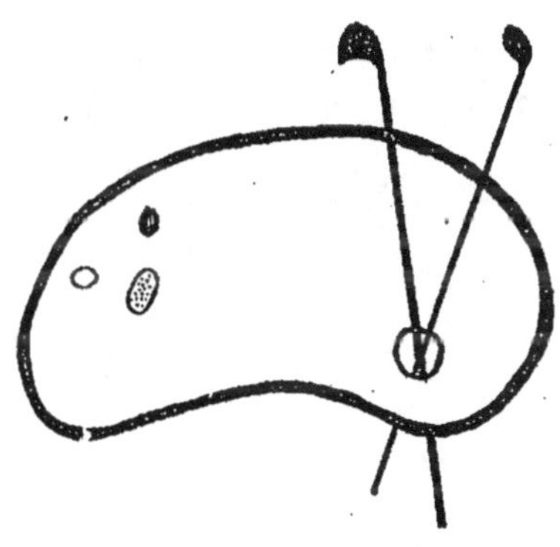

ORIGINAL EN COULEUR
Nº Z 43-120-8

J. HUET

—

NOTRE-DAME

DE LA

BROSSARDIÈRE

NOTICE HISTORIQUE

Gloriosa et absconsa opera illius.
Ses œuvres sont glorieuses et cachées.
(Eccli., XI, 4.)

Ego flos campi et lilium convallium.
Je suis la fleur des champs et le lis des vallées.
(Sap., II, 1.)

FONTENAY-LE-COMTE

IMPRIMERIE L.-P. GOURAUD

—

1897

Prix : 30 Centimes.

NOTRE-DAME

DE LA

BROSSARDIÈRE

NOTRE-DAME DE LA BROSSARDIÈRE

NOTRE-DAME

DE LA

BROSSARDIÈRE

NOTICE HISTORIQUE

Par l'Abbé Julien HUET

Gloriosa et absconsa opera illius,
Ses œuvres sont glorieuses et cachées.
(ECCLI., XI, 4.)

Ego flos campi et lilium convallium,
Je suis la fleur des champs et le lis
des vallées.
(SAP., II, 1.)

FONTENAY-LE-COMTE

IMPRIMERIE L.-P. GOURAUD

1897

ÉVÊCHÉ DE LUÇON

—

APPROBATION

—

Persuadé que la *Notice historique* et les *Cantiques* du Pèlerinage de Notre-Dame de la Brossardière contribueront à augmenter, dans les âmes, la dévotion envers la Très Sainte Vierge et à donner une nouvelle extension à un Pèlerinage cher à nos diocésains, Nous en autorisons bien volontiers l'impression et faisons des vœux pour que cette publication produise en abondance des fruits de grâce et de piété.

Luçon, le 15 Mars 1897.

† CLOVIS Jh, Ev. de Luçon.

NOTICE HISTORIQUE

SUR

NOTRE-DAME DE LA BROSSARDIÈRE

I

LA CHAPELLE ET SES ALENTOURS

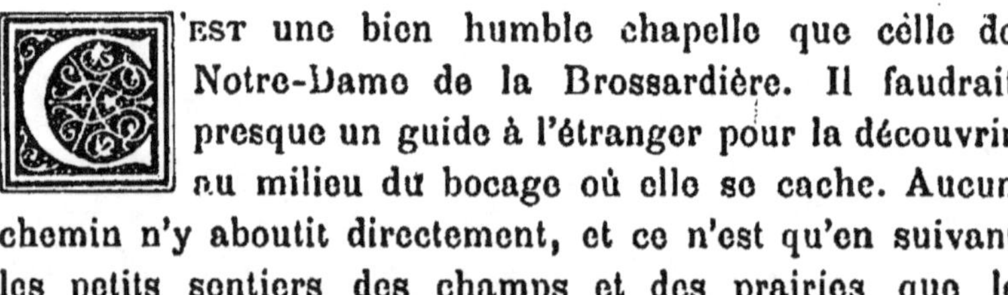

'EST une bien humble chapelle que célle de Notre-Dame de la Brossardière. Il faudrait presque un guide à l'étranger pour la découvrir au milieu du bocage où elle se cache. Aucun chemin n'y aboutit directement, et ce n'est qu'en suivant les petits sentiers des champs et des prairies que le voyageur peut arriver au pieux sanctuaire.

Aux pèlerins qui, pour la première fois, se dirigent vers la chapelle, voici des indications qui leur serviront pour rencontrer ce qu'ils désirent. Deux chemins surtout peuvent amener le voyageur dans le voisinage de la chapelle. L'un part de la Châtaigneraie, à l'endroit où l'on quitte la ville pour se diriger vers Saint-Pierre-du-Chemin ; c'est l'ancienne route de Pouzauges aujourd'hui abandonnée. L'autre chemin traverse le bourg de la Tardière et prend sa direction vers l'ouest. En suivant l'une ou l'autre de ces voies, pendant l'espace d'un kilomètre, on aperçoit sur la droite, si l'on vient de la Châtaigneraie, et sur la gauche, si l'on vient de la Tardière, quatre ou cinq maisons dont quelques-unes sont d'assez pauvre apparence, et un peu plus bas on distingue une modeste chapelle couverte en tuiles et surmontée d'un petit campanile en pierre blanche.

C'est là le village de la Brossardière et le sanctuaire de la Sainte Vierge si fréquenté dans le pays.

En cherchant un sentier, on arrive ensuite bien vite au lieu du pèlerinage.

L'endroit ne manque pas de charmes pour celui qui aime les beautés de la nature. Au nord et au midi ce sont de riches prairies où de petits ruisseaux font entendre pendant presque toute l'année leur doux murmure, c'est le bocage avec ses grands arbres et ses frais ombrages. A l'ouest ce sont des montagnes où d'énormes rochers dressent leurs têtes noires et présentent un aspect pittoresque et sauvage du plus saisissant effet. Malheureusement, de ce dernier côté, ce magnifique spectacle, sous la pioche des démolisseurs, ne sera bientôt plus qu'un souvenir.

C'est au milieu de cette nature variée que s'élève le coteau aride sur lequel se trouve bâti l'antique sanctuaire de Notre-Dame de la Brossardière. Ce coteau semble n'être qu'un immense rocher de silex recouvert çà et là d'une mince couche de terre. En bas, on voit des ruines dont personne ne peut donner l'explication certaine. Était-ce une dépendance de la chapelle, ou une maison qui, avant 1793, était à la disposition des pèlerins? Il serait difficile de le dire au juste. Parmi ces ruines, et là où le terrain n'est pas trop ingrat, les genêts croissent en assez grand nombre et occupent une place qu'on ne songe point à leur disputer. Enfin, sur le haut du coteau, on voit une maison dont la construction est certainement très ancienne.

Cette habitation s'appelait jadis la Maison du Temple, sans doute parce qu'elle avait été la demeure des ministres protestants qui, il y a trois siècles, vivaient à la Brossardière. Dans cette partie du coteau se trouve l'entrée d'un souterrain qui, d'après la tradition, devait se diriger vers le nord-est, c'est-à-dire vers l'endroit où était bâti le temple protestant dont parle l'histoire de la Brossardière.

Tels sont les alentours de la chapelle de Notre-Dame de la Brossardière. Quant à cette dernière, il n'est pas difficile de la décrire. C'est une construction fort simple, se composant de deux carrés d'inégale grandeur, bâtis l'un après l'autre, à soixante ans d'intervalle. Trois fenêtres de forme romane sont ouvertes du côté du midi. Il y a aussi quelques contreforts qui n'ont aucun caractère d'architecture et qui ressemblent à des cônes coupés de haut en bas. La façade, restaurée il y a une vingtaine d'années, quoique fort simple, produit un heureux effet avec son petit campanile où se balance la cloche aux sons argentins. Dans l'intérieur, on éprouve une agréable surprise. Tout y est plein de fraîcheur et de propreté. L'autel, avec son rétable et son tabernacle d'une blancheur éclatante, avec ses colonnes légères, ressort admirablement dans le jour mystérieux de la chapelle. Au-dessus, c'est Notre-Dame de la Brossardière dont la figure respire la bonté la plus maternelle. Dans ses bras, l'Enfant Jésus semble écouter les prières qu'on adresse à sa mère et, pour augmenter la confiance, il met sa main sur le cœur de Marie, comme pour montrer qu'elle a bien un cœur de mère envers ceux qui l'invoquent. Puis, en regardant plus haut, c'est la voûte qui apparaît avec ses arceaux bleus et ses nervures qui s'entrecroisent sans se confondre. Enfin, autour de la chapelle, ce sont ces gracieux vitraux qui attestent la générosité des nobles familles du pays. On s'arrête longtemps pour regarder ces brillants tableaux de Jésus bénissant les enfants, de l'adoration des bergers, de la mort de saint Stanislas, de sainte Germaine. Dans certains personnages représentés par l'artiste, il ne serait pas difficile de reconnaître quelques-uns des traits des généreux donateurs.

La chapelle est divisée en deux parties. La première, qui se trouve en entrant, est toujours ouverte aux pèlerins ; on y voit deux autels en marbre blanc, dédiés l'un à Notre-Dame de Lourdes, et l'autre au Sacré-Cœur de Jésus. Il y a aussi là les statues de sainte Anne et de saint Antoine, ainsi qu'un vieux tableau dont l'origine est inconnue. Ce vieux tableau représente la Sainte Vierge ayant entre les bras son divin Fils et sous les pieds le serpent infernal. L'Enfant Jésus, avec sa croix terminée par une lance, perce la tête du serpent. C'est ce sujet qui est reproduit sur la bannière que la Brossardière a offerte à la Sainte Vierge, dans la basilique de Lourdes.

L'entrée de la seconde partie de la chapelle est fermée par une grille qui n'est ouverte que pour les cérémonies publiques. Elle est aussi ornée de plusieurs statues ; celles de saint Joseph et de saint Stanislas occupent les deux côtés du maître autel ; celles de saint François d'Assise et de saint Dominique sont en face l'une de l'autre, à l'entrée du chœur. Enfin on y voit, entre la deuxième et la troisième station du chemin de la Croix, une petite statue en faïence de la Sainte Vierge, qui, d'après la tradition ou la légende, serait celle que les fidèles, en 1793, venaient prier au milieu des ruines de la chapelle, dans une niche dissimulée par des branchages de genêts.

Après cette description du sanctuaire et de ses alentours, essayons d'en retrouver l'histoire et d'en expliquer l'origine.

II

1595 — LE TEMPLE PROTESTANT — SANGLANT COMBAT
RÉPARATION

UNE chose qui frappe celui qui étudie l'histoire des anciens sanctuaires de la Sainte Vierge, c'est la difficuté d'expliquer l'origine d'un grand nombre d'entre eux. En général, nos pères se souciaient fort peu de confier à l'écriture leurs traditions pieuses ; ils préféraient se les transmettre de vive voix, au risque d'entourer un fait, vrai dans le fond, de toutes les imaginations de la légende. Voilà pourquoi, si l'on excepte la Salette et Lourdes, pélerinages récents, et quelques autres bien rares, dont les historiens contemporains nous ont laissé le récit, il y a, dans beaucoup de ces antiques chapelles fréquentées depuis des siècles, une obscurité mystérieuse qui en voile l'origine.

Notre-Dame de la Brossardière n'a pas eu non plus son pieux historien. Aucune plume catholique ne nous a raconté comment Marie a voulu être honorée dans cette vallée perdue du bocage. Cette antique chapelle n'a même pas eu sa gracieuse légende, comme il y en a pour tant de sanctuaires de la Sainte Vierge. Des deux premiers siècles de son histoire, nous ne connaissons qu'un seul fait transmis par un protestant sectaire et haineux : c'est le récit d'une chose affreuse, car il s'agit d'un massacre. Mais qui dira, si là encore, comme dans beaucoup d'autres endroits, la vérité n'a pas été indignement altérée.

Avant d'entreprendre ce récit, jetons un coup d'œil sur l'histoire de notre pays au temps où nous allons remonter.

C'était avant 1595. Trente années de guerre civile avaient mis la France dans l'état le plus épouvantable ; plus de deux millions de ses enfants s'étaient égorgés les uns les autres. Et la cause de cette lutte fratricide, c'était l'hérésie protestante qui, après avoir fait couler en Allemagne des flots de sang, prétendait chasser de France la vieille foi catholique. Profitant de la faiblesse ou de la tolérance du pauvre Henri III, ce roi qui par ses goûts frivoles et ses vices honteux ne gardait souvent aucun respect de sa dignité, les disciples de la nouvelle religion se laissaient aller aux excès les plus monstrueux. Réunis en bandes, comme autrefois les barbares Normands, on les voyait en nombre d'endroits parcourir le pays pour y porter partout le fer et le feu. Pillage des maisons et des monastères, viol des femmes et des vierges, meurtres des gens paisibles, incendies dont beaucoup de nos vieilles églises ont encore conservé les traces : rien n'était sacré pour ces fanatiques. Le Poitou surtout fut victime de leur rage de dévastation. En 1561, une colonne de huguenots conduite par un moine apostat, nommé Champagnac, vint s'abattre sur la Chapelle-Saint-Laurent et sur le célèbre sanctuaire de Notre-Dame de Pitié. Ces misérables, après avoir brûlé le logis de l'archiprêtre, incendièrent l'église paroissiale et, dans les ruines fumantes, précipitèrent le curé qui périt, victime de leur fureur sacrilège. Puis se dirigeant vers le sanctuaire vénéré, ils le mirent au pillage et en firent un monceau de ruines. Un des lieutenants de Champagnac s'installa auprès de la chapelle dévastée et pendant dix-huit ans, en dépit des arrêtés des juges de la contrée, il s'empara des revenus des biens, dont la piété des fidèles avait enrichi le sanctuaire. Pour faire rendre gorge à ce voleur, il ne fallut rien moins que la justice suprême du roi.

L'année suivante (1562), les comtes de Grammont et de Duras, avec un ramassis de pillards, huguenots comme eux, se répandirent dans la ville de Poitiers. « Il y avait là de merveilleuses basiliques, dit le chanoine Auber, depuis la cathédrale et Saint-Hilaire jusqu'à Notre-Dame-la-Grande et Montierneuf ; de nombreuses chapelles, de riches paroisses y gardaient de précieuses reliques, des trésors d'orfèvrerie et de paléographie, des meubles antiques, des tapisseries, des monuments sculptés ou peints, des palais où des verrières historiées disputaient avec celles des églises. De tous ces chefs-d'œuvres conservés encore le 28 mai au matin, le soir, à quatre heures, on ne trouvait plus rien qu'à l'état de ruines, de démolitions, d'incendies fumants encore..... bijoux, vases sacrés, coffrets d'or et de cristal, anciens témoignages de l'art des aïeux, inscriptions et dalles tumulaires, boiseries patiemment travaillées pour les stalles des chœurs et les rétables des autels : tout cela avait disparu. Partout la désolation, les cadavres, des cris d'effroi et des sanglots. Telle était, le 28 mai 1562, la ville qui avait été celle de saint Hilaire. »

Luçon ne fut pas plus heureux que Poitiers. Trois fois sa cathédrale fut saccagée par les prétendus réformés. La première fois, en 1562, ces bandits y brisèrent les statues des saints, renversèrent les autels et y commirent toutes sortes de profanations. La seconde fois, en 1568, le pillage fut précédé d'une horrible boucherie. Cent catholiques, tombés entre leurs mains dans les fortifications de la cathédrale, furent égorgés pendant la nuit, à la lueur des cierges dérobés à la maison de Dieu. Enfin, en 1574, les huguenots arrivèrent encore à l'improviste et de nouveau pénétrèrent dans l'église, massacrèrent au pied des autels les prêtres et les laïques et se répandirent dans les campagnes comme d'insatiables vautours, pour rançonner tous ceux qui pouvaient avoir quelque fortune.

Tout le pays était plein de leurs brigandages. On cite plus de quarante églises brûlées par eux, alors que les catholiques se tenaient tranquilles et que l'on se croyait en pleine paix. Dans une foule d'endroits, il n'y avait pas de service religieux, car on n'y voyait plus ni prêtre, ni presbytère, ni église.

Ce fut encore vers cette lamentable époque qu'arrivèrent dans notre Bas-Poitou d'autres faits non moins épouvantables. Jean Loriou, prieur de Grues, fut brûlé vif en défendant héroïquement son église contre une bande de calvinistes. Un autre prieur, M. Sabouraud (1), curé de Saint-Laurs, fut enterré vivant jusqu'à la gorge, et ses bourreaux eurent la cruauté de prendre sa tête pour but d'un jeu de boules. Las de ce jeu cruel, ils se disposaient à jeter leur victime dans un puits, quand celle-ci les supplia de ne pas souiller de la sorte une eau nécessaire aux besoins de ses pauvres paroissiens. Loin de s'attendrir à cette demande de charité, les barbares prolongèrent encore les souffrances du martyr en lui arrachant par lambeaux toute la peau du visage, jusqu'à ce qu'il eût rendu l'âme.

Il serait facile de multiplier les exemples des atrocités commises par les sectaires de la religion prétendue réformée. Mais le courage manque pour aller loin dans cette étude lugubre de faits qui déshonorent le genre humain. On comprend, après cela, que les catholiques, victimes de telles barbaries, aient perdu parfois patience et

(1) Ancêtre de la famille Sabouraud, de la Châtaigneraie.

se soient permis des représailles qui nous semblent aujourd'hui inexplicables. Mais les écrivains protestants, qui se voilent la face d'horreur devant quelques crimes de catholiques poussés à bout, devraient bien avoir la pudeur de se taire, lorsqu'ils ont à justifier tant d'ignominies de leurs coreligionnaires. Et puis, il y a une chose qu'il ne faut pas oublier, c'est que dans ces tristes guerres, il y eut parfois des bandits, sans croyances religieuses, qui se rangèrent sous un drapeau quelconque, au risque de le déshonorer par les infamies qu'ils commettaient, lorsqu'ils étaient abandonnés à eux-mêmes.

Cet exposé de l'histoire du temps était utile pour jeter un peu de lumière sur le fait qui se passa à la Brossardière le 13 août 1595. « A cette époque, dit l'auteur des *Pèlerinages français de la Sainte Vierge,* le protestantisme avait largement entamé notre contrée. Le seigneur de Pugny, Guy de Saint-Maure, avait fait convertir son oratoire en temple protestant. Tous ses vassaux et tenanciers avaient embrassé la prétendue réforme. Les seigneurs de Vaudoré et de la Forêt-sur-Sèvre avaient imité cet exemple ».

La terre de la Brossardière était tenue en droit de haute justice par l'un de ces derniers, qui avait nom Charles de la Forest, seigneur de Vaudoré, de la Forest, de Montpensier, de Boisbodron et de la Plissonnière. C'est dans ce village de la Brossardière que, depuis l'année 1567, s'assemblaient les protestants de la contrée, privés du droit d'exercer leur culte à la Châtaigneraie, dont les seigneurs étaient catholiques. Le gentilhomme de la Forest leur avait même fait bâtir en ce lieu un oratoire pour leurs cérémonies.

Laissons maintenant la parole à l'écrivain protestant dont j'ai parlé au commencement de ce chapitre, tout en regrettant de ne pouvoir confronter son récit avec aucun autre témoignage.

« Le 13 août 1595, sur les huit heures du matin, le ministre dudit lieu étant sur la fin de ses exhortations, une troupe avec armes fut aperçue, laquelle venait au galop. Cette troupe était de Rochefort (1), éloigné de la Brossardière de dix-huit lieues, conduite par les capitaines Desmouriers, Courtin et Marrier. Cette troupe pouvait être de quarante-cinq hommes, y compris quatorze ou quinze cuirassiers, laquelle partit de Rochefort le samedi 12, vint repaître la nuit à la Charlonnière, village près la maison noble de Montravers, distante de la Brossardière de quatre lieues, de là partit de grand matin pour arriver et pareillement exécuter leur dessein qui était de massacrer entièrement l'assemblée jusqu'aux enfants (2). Arrivés à une barrière qui n'était que d'une pièce de bois, qui traversait un entre-deux de jardin clos seulement de haies, éloignée d'environ vingt pas de l'assemblée, quelqu'un, ayant entendu crier aux armes, s'en va à ladite barrière et leur tira un coup d'arquebuse (3). Et en toute l'assemblée, il n'y en avait pas un autre d'armé. Le coup les retarda un peu, dans la crainte qu'il y en eut d'autres qui eussent des armes. Dieu se servit de ce faible moyen pour ouvrir le chemin à plusieurs qui échappèrent à la fureur de

(1) Rochefort-sur-Loire, en Anjou.

(2) Étaient-ce bien des catholiques qui avaient un dessein si infâme de massacrer jusqu'aux innocents? N'étaient-ce pas plutôt des bandits qui se cachaient sous ce nom pour se livrer à leurs passions sanguinaires?

(3) On remarquera que l'attaque commence par les protestants. Ce sont eux qui tirent les premiers et ce fut peut-être ce qui alluma la fureur des soldats.

ces meurtriers qui n'aperçurent aucune résistance (1). Quelques-uns d'entre eux ayant mis pied à terre dans l'assemblée, les autres restèrent à cheval pour poursuivre ceux qui prenaient la fuite qui était après Dieu leur unique recours. Ceux qui entrèrent dans l'assemblée qui pouvait être de quatre ou cinq cents, sans compassion ni miséricorde tuèrent et meurtrirent à coups d'épée tous les hommes et enfants qu'ils y trouvèrent de quelque âge et condition qu'ils fussent, et cela en présence d'un grand nombre de celles (2) qui n'étaient pas sorties de l'assemblée, dont ils coupèrent les bourses et tirèrent avec violence les bagues de leurs doigts et en blessèrent plusieurs. Enfin la place fut remplie de corps morts, et on vit découler de toutes parts les ruisseaux de sang. Toutes les spectatrices de cette boucherie rapportent qu'aucun de ceux que l'on massacrait n'ouvrit la bouche pour demander grâce à ces inhumains ; mais ils recevaient avec constance le coup de la mort, la tête baissée, et pour comble de cruauté, l'un de ces meurtriers, qui avait mis pied à terre, donna son cheval à tenir à un pauvre homme âgé de soixante-quinze ans, et le tua d'un coup d'épée, comme il s'échappait du massacre que l'on faisait au-dedans. Tous ceux qui furent massacrés dans l'assemblée ne voulurent pas sortir dans la persuasion

(1) Le premier de ceux qui prirent la fuite fut le pasteur protestant. Au premier cri d'alarme, il sortit du temple, courut dans la maison voisine prendre son épée et se sauva du côté de la Tardière. Quelle différence avec les prêtres catholiques d'alors qui se faisaient tuer en défendant leur troupeau : témoin l'intrépide Chanteclerc, chanoine de la cathédrale, au second pillage dont nous avons parlé. Il fut pendu et criblé de balles.

Ce pasteur protestant ne serait-il pas l'auteur de la relation reproduite ici ?

(2) Les femmes.

2

qu'on ne leur ferait aucun mal, qu'on se contenterait seulement de faire les plus riches prisonniers pour en tirer rançon ; mais l'intention des soldats n'était pas telle, et les ordres qu'ils avaient reçus portaient de n'épargner personne, de façon que, pendant qu'une partie faisait le massacre au-dedans, l'autre partie des soldats, non moins altérés de sang humain que leurs compagnons, couraient après ceux qui cherchaient à se sauver à la Châtaigneraie, comme en lieu de sûreté, et se voyant si vivement poursuivis, se jetaient dans les bois taillis sans clôture où les deux côtés du chemin étaient remplis de bons et zélés catholiques qui les découvraient d'autant plus facilement que la pousse du bois n'avait que deux ans en plusieurs endroits, ce qui fit que plusieurs furent tués à coups d'épées et de pistolets, ou du moins bien blessés et laissés pour morts, et ceux qui n'étaient que blessés s'ensanglantaient le visage de leur propre sang qui sortait de leurs plaies pour faire croire qu'ils étaient morts, sans quoi ils auraient été achevés, comme il fut fait à plusieurs qui se plaignaient de leurs blessures, car on les envoyait visiter pour s'assurer de leur mort. »

Tel est dans son intégrité le récit du massacre que nous a laissé un protestant. Chacun peut lui donner croyance, comme bon lui semblera. Pour nous, il nous semble que l'horreur de ce triste fait a été bien exagérée. En voyant quarante-cinq soldats pénétrer dans une nombreuse assemblée sans armes, frapper sans compassion ni miséricorde, et joncher la terre de cadavres et de mourants, on s'attend à un chiffre considérable de victimes. Or voici, d'après l'écrivain protestant, le nombre exact de ceux qui furent tués : dix-huit périrent dans le temple ou à la porte du temple et treize autres furent massacrés pendant qu'ils s'enfuyaient. Aucune femme ne fut égorgée. Quant aux blessés, leur nombre est à peu près pareil : vingt-deux hommes et dix femmes (1). Il faut avouer, s'il est permis de faire une telle réflexion sur un si lugubre sujet, que pour des soldats sanguinaires qui avaient ordre de ne rien épargner, ils ne s'y entendaient guère à remplir le rôle d'assassins, puisque tant de victimes leur échappaient. Sans doute le meurtre d'un seul innocent est une chose horrible, et la religion a bien raison de vouer aux anathèmes ceux qui le commettent, mais c'est une injustice aussi de charger des coupables plus qu'ils ne le méritent. Quoi qu'il en soit de cette sanglante histoire, il faudrait, pour prononcer un solide jugement, avoir au moins plusieurs documents venant de sources différentes pour en faire jaillir une vérité indiscutable. Néanmoins, il y a une chose qui restera toujours certaine, c'est que les protestants étaient réunis là, en contravention avec les lois qui leur défendaient de s'assembler, parce que, sous prétexte de prier en commun, ils ne s'occupaient qu'à former des complots contre la sûreté du royaume.

Toutes les paroisses des alentours avaient quelques-uns de leurs habitants parmi les victimes de la Brossardière : la Châtaigneraie, la Tardière, Saint-Pierre-du-Chemin, le Breuil-Barret, Antigny, Loge-Fougereuse, Saint-Maurice-le-Girard, Saint-Maurice-des-Noues, Mouilleron-en-Pareds, Saint-Paul-en-Gâtine. C'est sans doute ce qui explique comment après tant d'années on a conservé le souvenir de cette malheureuse affaire. Comme c'est l'ordinaire, quand on s'éloigne d'un événement passé, on en a grossi les incidents. On a dit que le petit ruisseau de la Brossardière

(1) Une copie de vieux manuscrit ne nomme même que trois femmes blessées.

avait pris des proportions considérables en recevant des flots de sang répandu. Si ce petit ruisseau coula ce jour là à pleins bords, ce fut une pluie torrentielle qui en fut la cause et non le sang des victimes. On a dit aussi que la dame du seigneur de la Châtaigneraie, assise au sommet d'un rocher du voisinage, applaudissait au massacre des huguenots. Ce ne peut être qu'un conte inventé à plaisir, comme il y en a dans toutes ces horribles histoires qu'on apprend aux petits enfants.

Le temple protestant survécut au massacre, au moins pendant quelque temps (1). Servit-il encore de lieu de réunion aux réformés ? Le laissa-t-on tomber en ruines ? Fut-il renversé ? Autant de questions auxquelles il est impossible de répondre. Ce qu'il y a de certain, c'est qu'on en voyait encore des vestiges au commencement de ce siècle, au nord-est de la maison qu'on appelait la Maison du Temple.

Passons maintenant à d'autres récits plus consolants. En 1632, les seigneurs de Vaudoré, maîtres de la Brossardière, avaient reconnu leurs erreurs, et comme leurs grands-pères, ils pratiquaient la religion catholique. Sans doute, après avoir entraîné leurs vassaux dans l'hérésie, ils cherchèrent à les ramener à la vraie foi. Le mal surtout qu'ils avaient fait à la Brossardière était considérable. Pendant de longues années, ils y avaient établi un foyer de damnation pour les âmes. De là, les erreurs calvinistes s'étaient répandues sur toute la contrée, et, en favorisant les réunions en ce lieu, ils avaient été cause, pour ainsi dire, du sang que l'on y avait si

______

(1) Le gouverneur de Rochefort, La Houssaye, reprocha aux soldats revenant de la Brossardière, de n'avoir pas mis le feu aux quatre coins du temple pour le détruire.

affreusement répandu. Il est donc tout naturel de croire que la conscience leur criait bien haut le devoir de la réparation, et comme le refuge des grands pécheurs c'est Marie, la Reine du Ciel, ils songèrent aussi eux à se placer sous sa protection, en lui élevant le sanctuaire que nous voyons aujourd'hui. D'autres raisons durent les porter à ériger le pieux monument. Bien que trente-sept ans se fussent écoulés, le souvenir du massacre subsistait toujours ; ils voulaient donc ensevelir dans l'oubli ce lugubre événement. D'un autre côté, Marie avait été outragée sur cette colline par les blasphèmes sans nombre des protestants ; il fallait lui faire amende honorable.

Tels sont, à notre avis, les différents motifs qui portèrent, en 1632, les seigneurs de Vaudoré à construire la première chapelle de Notre-Dame de la Brossardière, à cent mètres environ de l'endroit où avait été bâti le temple protestant.

III

LE CULTE DE NOTRE-DAME DE LA BROSSARDIÈRE
RUINES ET RESTAURATION

ES seigneurs de Vaudoré ne se contentèrent pas, probablement, de bâtir la chapelle de la Brossardière. Ce fut sans doute grâce à leur générosité qu'un service religieux régulier commença à se faire dans ce sanctuaire. Chaque semaine le vicaire de la Tardière y venait dire la messe et en retour on lui donnait deux charges de blé qui étaient prises sur la métairie de la Morlière, laquelle dépendait du château de la Ménardière, en Saint-Pierre-du-Chemin. Le premier qui eut l'honneur de desservir la chapelle dut être M. Paynau, vicaire de la Tardière depuis 1617 jusqu'en 1637. Après lui vinrent successivement MM. Favreau, Normandin, Bâty, Aumond, Charrier, Couturier, Pinet, Sorlin, dominicain, et Girard, qui eut la faiblesse, en 1793, de prêter serment à la Constitution civile du Clergé.

Cependant la dévotion des pieux fidèles pour Notre-Dame de la Brossardière allait en augmentant de plus en plus. Leur affluence était chaque année plus nombreuse et le coteau qui avait vu se réunir autrefois sur son sommet des foules d'hérétiques, était maintenant couvert d'autres foules non moins considérables qui s'y pressaient pour honorer la Reine du ciel. Encore une fois Marie, comme le chante l'Eglise, était victorieuse de l'hérésie et elle l'était à l'endroit même où celle-ci avait dominé pendant de longues années. Jadis de cette terre de la Brossardière partait une influence mauvaise qui s'étendait sur toute la contrée pour y perdre les âmes, et maintenant depuis des siècles ce sont des sources de grâces qui y descendent du ciel et qui se répandent au loin sur des chrétiens de toutes sortes.

Bientôt la petite chapelle des seigneurs de Vaudoré fut insuffisante pour recevoir la foule des pèlerins ; il fallut songer à la rendre plus spacieuse. Cet agrandissement se fit en 1695, pendant que M. Normandin était curé de la Tardière (1).

On construisit une seconde chapelle, presque d'égale grandeur, que l'on fit communiquer à la première au moyen d'une arcade en plein-cintre. Quel fut le généreux donateur qui favorisa ainsi le développement du culte de Marie? Est-ce que ce fut encore un seigneur de Vaudoré? ou bien la piété des fidèles voulut-elle se cotiser pour payer à la Sainte Vierge une dette de reconnaissance? Nous n'en savons rien et aucun document n'est là pour nous l'apprendre.

Jusqu'en 1793, l'histoire est complétement muette sur le sanctuaire de Notre-Dame de la Brossardière. On écrivait peu dans le siècle qui a précédé le nôtre, et des quelques notices qui ont été faites, beaucoup, dans notre pays, ont disparu au milieu des incendies de la révolution.

Quand arrivèrent ces sombres jours qui remplirent la France de terreur, la chapelle de la Brossardière, ainsi que l'église paroissiale et toutes leurs dépendances furent vendues à vil prix. Bientôt les féroces révolutionnaires, qui

(1) Ce M. Normandin gouverna la paroisse de la Tardière pendant quarante-deux ans et ses restes reposent dans l'église devant la sainte table, en face le maître-autel.

voulaient détruire ce qu'ils appelaient le foyer de la superstition, s'acharnèrent sur le sanctuaire où tant de générations étaient venues s'agenouiller. La chapelle fut entièrement découverte, tout y fut brûlé et les murs calcinés par l'incendie tombèrent en ruines. Cependant, chose admirable, la profanation et le renversement du sanctuaire n'arrêta pas la piété des fidèles. Lorsqu'ils n'étaient pas vus de leurs cruels ennemis, ils venaient s'agenouiller dans ce lieu où l'on avait voulu ensevelir la dévotion à Marie, et là, au milieu de ces décombres couverts de ronces et d'épines, ils suppliaient la Reine du Ciel de les délivrer de leurs maux. L'image de Marie ayant été emportée ou détruite par les révolutionnaires, ils avaient placé, dans une niche pratiquée au fond de la pieuse chapelle, une petite statue en faïence représentant leur céleste protectrice et ils avaient dérobé sa vue aux regards indiscrets par une claie de genêts.

Marie récompensa leur piété héroïque. Quand les mauvais jours furent passés, le ciel même sembla intervenir pour la restauration du sanctuaire. Un voyageur se trouvant une nuit dans le voisinage, vit une main portant un cierge allumé passer devant lui et se diriger vers la chapelle en ruines. Cet homme était de la métairie de la Morlière, qui payait autrefois la redevance du desservant de la Brossardière. Il rapporta ce qu'il avait vu à M. Giraud, de la Châtaigneraie, lequel était propriétaire du sanctuaire, et celui-ci, frappé de ce fait extraordinaire ainsi que de plusieurs autres prodiges qu'on lui disait s'être opérés dans ce lieu béni, fit presque aussitôt couvrir la première chapelle et permit aux pieux fidèles d'en commencer la restauration. Il fit même davantage, le 15 mars 1824, en son nom et avec la procuration de ses enfants : M. Etienne Giraud, substitut du procureur

royal à Fontenay ; Mme Thérèse Giraud, épouse de
M. Lausier, receveur d'enregistrement à Bourbon-Vendée ;
et Mme Bénigne Giraud, épouse de M. Pineau, percepteur
des contributions directes à Doix, il donna à la Tardière,
par un acte notarié, la chapelle de la Brossardière. Il ne
mit à sa libéralité qu'une seule condition, c'est qu'il aurait
droit dans la chapelle à un banc de trois places. En même
temps, tout en se réservant le terrain environnant la
chapelle il accordait aux habitants de la Tardière un droit
de passage sur ce même terrain pour arriver jusqu'au
sanctuaire.

La paroisse de la Tardière était alors sans prêtre depuis
1807 et elle devait rester ainsi jusqu'en 1836. Elle avait
même perdu son titre paroissial qui ne lui fut rendu que le
26 février 1826, par une ordonnance royale transmise le
12 mai suivant par Monseigneur Soyer. Il semblait donc
que la Brossardière ne devait pas se relever de sitôt de
ses ruines. Mais la Tardière avait alors à sa tête un
homme de bien fort recommandable : c'était M. Nau,
maire de la commune. Il y avait aussi des Conseillers de
Fabrique qui ne manquaient pas d'une certaine instruction,
malgré l'époque troublée qu'on venait de traverser ;
c'étaient, entre autres, le président Armand Charrier, le
trésorier Amédée Baudet (1), qui céda plus tard sa charge

---

(1) La famille Baudet était l'une des plus anciennes de la paroisse
de la Tardière. Plus d'une fois, pendant la Révolution, elle offrit un
asile aux prêtres proscrits. Un jour, trois d'entre eux, M. Le Berton,
curé de Saint-Pierre, M. Morin, curé de la Tardière, et M. Massé,
vicaire de Cheffoi, étaient réunis chez Mlle Baudet, au village de la
Tendronnière. Soudain, les agents révolutionnaires arrivent et
demandent à faire une visite domiciliaire. Mlle Baudet sort aussitôt
et s'enquiert de quel droit on veut pénétrer chez elle. Le chef de la
bande lui exhibe alors ses pièces, et pendant qu'on parlemente et

à Jacques Charron (1), pour devenir maire de la Tardière, le secrétaire François Rouault. Les uns et les autres adoptèrent donc l'idée de la réparation de la chapelle et ils se mirent à l'œuvre. Dans le chœur et dans l'intérieur de la chapelle, ils commencèrent par faire remettre à neuf le carrelage qui était dans le plus triste état, puis ils relevèrent la sacristie tombée en ruines, la firent couvrir, y placèrent un meuble pour les ornements et la pourvurent d'un calice qu'ils achetèrent chez M. Croizé, orfévre à Fontenay. En même temps, ils s'occupèrent aussi de restaurer intérieurement le sanctuaire, et en particulier ils ornèrent la niche de la Sainte Vierge en y faisant mettre une garniture de rideaux. C'est ainsi qu'ils utilisaient les quelques ressources que la piété des fidèles déposait entre leurs mains.

Bientôt la chapelle fut dans un état convenable, et alors eut lieu une cérémonie qui, d'après ceux qui en furent témoins, fut des plus touchantes. Je veux parler de la bénédiction du sanctuaire relevé de ses ruines. Celui qui eut l'honneur de faire cette bénédiction fut M. Levé, curé de Saint-Pierre-du-Chemin. Sans doute, bien des cœurs durent tressaillir de joie en voyant la chapelle bien-aimée, la chapelle où ils n'avaient pu prier depuis si longtemps, se dresser de nouveau comme une tour de salut pour toute la contrée.

A cette cérémonie assistait un humble jeune homme que personne alors ne remarquait. Mais l'œil de Marie le

qu'on discute les écrits présentés, les prêtres se mettaient en sûreté dans une cachette qu'on leur avait installée sous un escalier.

Cette demoiselle Daudet épousa plus tard M. Nau.

(1) La famille Charron, du Moulin-Meilleraie, était aussi l'une de celles qui cachaient les prêtres pendant la Révolution.

discernait au milieu de la foule, et elle allait en faire le ministre de son sanctuaire de la Brossardière. Certes, ce jeune homme eût été bien surpris si on lui eût dit que plus tard il reviendrait des milliers de fois dans cette chapelle qu'il voyait pour la première fois. Cet élu de Dieu et de Marie, c'était M. Girond, ce prêtre si pieux et si zélé qui a laissé à la Tardière un souvenir et des œuvres qui lui survivront peut-être pendant des siècles.

Ce fut le 6 février 1836 que ce digne prêtre arriva dans cette paroisse qui avait si grand besoin pour la conduire d'un pasteur comme lui, rempli d'ardeur, pour le salut des âmes. Malgré les soucis que lui donnaient la restauration de son église délabrée et la construction d'un presbytère, malgré les tracasseries de gens qui mettaient tout en œuvre pour entraver ses entreprises, le nouveau curé n'oublia pas la chapelle de la Brossardière. Dès la première année de son ministère, on voit les traces d'une dévotion qui a pris de nos jours une extension extraordinaire. Cette dévotion, c'est celle qu'on nomme les *Neuvaines* de Notre-Dame de la Brossardière. Pendant les octaves de l'Assomption et de la Nativité, et surtout pendant la première, tous les pieux fidèles du pays viennent continuer dans l'humble chapelle les fêtes du 15 août et du 8 septembre-

Est-ce M. Girond qui établit le premier ces touchantes cérémonies? ou bien plutôt ne fit-il que continuer un usage transmis par les siècles passés? Il serait bien difficile d'éclaircir cette question. Toutefois, si l'on considère que la chapelle de la Brossardière rappelle un triomphe de Marie sur l'hérésie en même temps qu'un fait bien malheureux, celui du 13 août 1595, n'est-il pas naturel de penser que, chaque année, à l'anniversaire de ces événements, les fidèles ont dû jadis venir dans ce sanctuaire, soit pour chanter la victoire de la Reine du Ciel, soit pour faire amende honorable?

Dans cette même année 1836, il est aussi fait mention d'une pratique pieuse qui, sans doute était fort ancienne en cet endroit, et qui existe encore aujourd'hui : c'est l'usage d'offrir à la Sainte Vierge des *ex-voto* en cire pour attirer sa protection sur des personnes ou sur des animaux malades. Autant que possible, l'*ex-voto* doit représenter le sujet qui a besoin de guérison, ou le membre dans lequel la douleur se fait sentir. Restes touchants de la piété naïve de nos pères que la Sainte Vierge se plaît souvent à récompenser.

C'est à M. Girond que l'on doit le grand rétable en plâtre au milieu duquel est placée Notre-Dame de la Brossardière, les voûtes en bois, la sainte table et deux statues que l'on voit encore à la sacristie.

Mais ce qui doit surtout lui mériter la reconnaissance des fidèles, ce sont les faveurs spirituelles dont il a fait enrichir le sanctuaire.

D'après un rescrit de la S. Congrégation des Indulgences, visé par Monseigneur l'Evêque de Luçon, le 24 juin 1848, tous les fidèles peuvent gagner chaque année deux indulgences plénières applicables aux âmes du Purgatoire, pourvu que confessés et communiés, ils visitent une fois cette chapelle et y prient aux intentions du Souverain Pontife, durant les octaves de la Nativité et de l'Assomption de la Bienheureuse Vierge Marie (le jour de l'Assomption excepté).

A son tour, Monseigneur l'Evêque de Luçon a accordé, le 8 août 1849, une indulgence de quarante jours, applicable aux âmes du Purgatoire, que tous les fidèles peuvent gagner (le jour de l'Assomption et le temps des offices de la paroisse, les dimanches et autres fêtes d'obligation exceptés), pourvu qu'ils visitent cette chapelle avec les dispositions ordinaires, et y prient selon les intentions de la sainte Eglise.

A partir de cette époque, et grâce aux précieuses faveurs accordées par l'Eglise, les fêtes de Notre-Dame de la Brossardière attirèrent une foule de pèlerins. Les prêtres des alentours y venaient en grand nombre dire la messe, pendant les neuvaines, et certaines années on en comptait plus de vingt.

En 1854, on commença à récompenser la piété des fidèles en leur prêchant les gloires de Marie, et depuis lors, tous les missionnaires célèbres du pays se sont succédés dans cette modeste chapelle pour y édifier la foule de plus en plus nombreuse.

Dans deux circonstances on y organisa des pèlerinages auxquels furent conviées toutes les paroisses du canton. Le premier, le 17 septembre 1874, fut présidé par M. le Doyen de la Châtaigneraie, et fut admirable de piété et d'entrain. Le second, fixé au 23 août 1876, devait être plus magnifique encore ; de nombreuses décorations avaient été entreprises et Monseigneur Le Coq, arrivé la veille, devait par sa présence donner à la cérémonie un éclat extraordinaire. Malheureusement une pluie torrentielle vint arrêter la joie de tous et Marie ne permit pas à ses enfants de la fêter comme ils se le promettaient.

Ce fut entre ces deux pèlerinages que mourut le vénérable prêtre qui avait si bien travaillé à la restauration du sanctuaire, mais, en quittant ce monde, il laissa sur la terre un successeur digne de sa piété et de ses vertus. Cet autre prêtre, dont la Tardière pleure encore la mort, ce fut son neveu, M. l'abbé Avril, qui cachait de rares qualités sous le voile de la plus grande modestie. Formé pendant une dizaine d'années à l'école de son oncle, comme lui, il eut la plus tendre dévotion pour Notre-Dame de la Brossardière, et il sut l'accroltre encore dans les âmes qui l'entouraient. Son zèle se manifesta dans les embellissements qu'il fit au sanctuaire. C'est à lui que l'on doit la seconde sacristie, le campanile avec sa cloche et les gracieux vitraux qui décorent si bien la modeste chapelle.

A ces travaux divers on a ajouté, en 1891, une réparation qui s'imposait d'urgence ; un nouveau dallage a remplacé l'ancien qui était fort endommagé, et cette opération a enlevé au sanctuaire une humidité qui suintait jusque sur les murs. Ce dallage a été fait en carreaux mosaïques dans la chapelle du chœur et en ciment dans l'autre.

Aujourd'hui le culte de Notre-Dame de la Brossardière s'étend plus que jamais. Quand arrivent les jours bénis des neuvaines, on peut dire que ce sont des jours de triomphe pour la sainte Patronne du pays. Malgré les chaleurs de l'été, malgré les travaux de la saison, dans tous les alentours, on s'ébranle pour venir au sanctuaire et, chose merveilleuse, chaque année, la foule des pèlerins augmente dans des proportions étonnantes. Jadis, il n'y avait qu'une réunion par jour ; aujourd'hui, il y en a deux et même trois pour contenter tout le monde, et chaque fois la foule est plus nombreuse qu'au temps où il n'y avait qu'une seule assemblée.

Et ce ne sont pas des curieux ou des touristes qui visitent alors le sanctuaire de Marie. Qu'y viendraient-ils faire ? Le spectacle des choses pieuses qui se passent en ce lieu n'est pas de ceux qui ont coutume de les attirer. Les âmes qui viennent à la Brossardière, ce sont les âmes avides de s'édifier et de gagner les précieuses faveurs attachées aux pieux exercices. On se confesse, on communie, on prie et on quitte le sanctuaire, le cœur joyeux et rempli des bénédictions de Marie.

Pour satisfaire cette dévotion toujours grandissante, un seul missionnaire ne pouvait plus suffire. Il a fallu en appeler deux à la fois. Cette innovation s'est faite en 1895, année qui rappelait deux centenaires mémorables dans l'histoire de la chapelle : 1595, date de la défaite des protestants sur ce coteau, et 1695, date de l'achèvement du sanctuaire, avant la révolution.

Enfin, en 1896, trois prêtres, réunis à la Brossardière, eurent l'idée de fonder en ce lieu une confrérie qui augmenterait encore dans la contrée la dévotion envers la Sainte Vierge. L'un d'eux, qui était un saint et zélé religieux, fut d'avis que l'association devait avoir pour but de venir en aide aux vivants et aux âmes du Purgatoire : aux vivants, en demandant pour eux à la Sainte Vierge la grâce d'une bonne mort ; aux âmes du Purgatoire, en leur procurant chaque année des prières et des messes dans le sanctuaire de la Brossardière. Aussitôt, un projet de règlement fut élaboré ; on y mit pour principales obligations : la récitation de la prière du matin et du soir, autant que possible devant l'image de la Sainte Famille, celle du chapelet chaque jour, ou tout au moins du Rosaire une fois par semaine ; la fréquentation des sacrements, la sanctification des fêtes de la Sainte Vierge et une petite cotisation chaque année pour avoir droit aux prières du sanctuaire. On fit connaître ce règlement aux pèlerins et, sur-le-champ, les adhésions arrivèrent nombreuses. En quelques jours, près de six cents personnes se faisaient inscrire dans cette confrérie qu'on appela la *Confrérie de la Bonne Mort*. Après un tel succès, M. le curé de la Tardière n'eut rien de plus pressé que de solliciter l'érection canonique. Sa demande fut accueillie favorablement, et, quelques semaines après, le 25 septembre 1896, l'autorité épiscopale établissait l'Association de Notre-Dame de la Brossardière. Enfin, le 7 mars 1897, la susdite Association fut affiliée à l'Archiconfrérie de la Bonne-Mort, dont le siège est établi dans l'église du Gesu, à Rome ; et dès lors elle put participer aux plus précieuses indulgences.

On peut voir à la fin de cette notice les principaux points du Règlement de la Confrérie en question. Une copie se trouve aussi affichée dans la chapelle de la Brossardière.

Voir aussi à la fin de la notice le tableau des Indulgences.

IV

QUELQUES GRACES INSIGNES OBTENUES A LA BROSSARDIÈRE

L serait bien difficile d'expliquer la confiance
universelle que l'on a dans toute la contrée
pour Notre-Dame de la Brossardière, si l'on
n'obtenait pas dans ce sanctuaire des grâces
plus remarquables qu'en beaucoup d'autres endroits. Et,
de fait, on rencontre une foule de personnes qui assurent
avoir reçu en ce lieu les plus grandes faveurs.

Mais les bienfaits de Notre-Dame de la Brossardière ne
sont pas en général de ces bienfaits extérieurs et éclatants,
comme on en voit quelquefois, car ce sanctuaire c'est
surtout le sanctuaire de l'humilité. Ce que l'on obtient
principalement à la Brossardière, ce sont les grâces
spirituelles qui sont si précieuses, comme la conversion
des pécheurs, la persévérance dans le bien, la décision
d'une vocation, la paix et l'union des familles ; ce sont
aussi ces mille petits secours qui sont si utiles pour le
succès des affaires temporelles.

Quoiqu'il n'y ait point eu ici de grands miracles, comme
dans les sanctuaires renommés, on pourrait pourtant citer
quelques faits où la main de Marie ne semble pas étrangère.
En voici quelques-uns qui ont échappé à l'oubli.

1. — LUMIÈRES MYSTÉRIEUSES

On l'a déjà vu, ce fut le récit de prodiges opérés à la
Brossardière qui porta, vers 1820, le propriétaire de la

chapelle à en commencer la restauration. Parmi ces prodiges, celui qui fit le plus d'impression fut le suivant.

Un homme du village de la Morlière, nommé Reigner, vit, pendant la nuit, une main portant un cierge allumé, et qui, passant devant lui, se dirigeait vers la chapelle en ruines. Plus tard, en 1848, le fils aîné de cet homme se trouvant à son tour près du sanctuaire, vers une heure après minuit, et au milieu des ténèbres les plus épaisses, aperçut soudain sortir de la chapelle une lumière éclatante qui l'éclairait au point de voir son ombre.

2. — UN JOUR DE TIRAGE AU SORT

En 1836, la chapelle de la Brossardière était un jour remplie d'une foule nombreuse. Des cierges en grand nombre brûlaient devant l'image de Marie. Il y avait là surtout beaucoup de pauvres mères qui priaient pour leurs enfants dont le sort se décidait en ce moment par le tirage d'un bon ou d'un mauvais numéro. Une petite fille de dix ans, agenouillée près de sa mère, regardait comme en extase vers la Sainte Vierge. Soudain elle se lève, et, se tournant vers sa mère, elle s'écrie : « Mon frère a un bon numéro ! » La mère lui impose silence et lui commande de continuer sa prière. La petite fille obéit, mais, au bout d'un instant, n'y tenant plus, elle se relève et de nouveau elle s'écrie : « Mais j'en suis sûre, mon frère a un bon numéro, il a le numéro 120 ! » La mère ne pouvant faire taire son enfant prend le parti de sortir de la chapelle et va s'asseoir sur le coteau. Elle y était à peine rendue qu'on voit accourir, par le sentier qui vient de la Châtaigneraie, un jeune homme qui semble transporté de joie. Dans sa main il agite un papier et il n'est pas arrivé à la chapelle, qu'on l'entend s'écrier de toutes ses forces : « J'ai le numéro 120! » C'était l'heureux frère.

La petite fille de dix ans vit encore aujourd'hui ; c'est madame Geffard, que tous les voyageurs rencontrent en visitant la magnifique chapelle de Chantemerle.

3. — PARENTS DÉSOLÉS

En 1853, les époux Turcaud, de Cheffoi, venaient se jeter aux pieds de Notre-Dame de la Brossardière. Leur affliction était grande. Deux de leurs enfants semblaient frappés d'infirmités incurables. L'un, un petit garçon âgé de trois ans, n'avait jamais prononcé une seule parole intelligible ; l'autre, une petite fille âgée de neuf ans, était encore presque privée de l'usage de ses jambes et n'avait jamais pu faire que quelques pas. Arrivés à la chapelle, ils offrirent à la Sainte Vierge deux *ex-voto* en cire, et ils répandirent à ses pieds leurs larmes et leurs prières. Leur foi fut si bien récompensée que la petite fille qu'ils avaient apportée dans leurs bras put, au retour, faire à pied presque tout le trajet qui sépare la Brossardière de Cheffoi et qui est environ d'une lieue.

Le même jour, le petit garçon qui n'avait jamais parlé, commença à faire entendre ses premières paroles.

4. — ENFANT INFIRME

Le 6 janvier 1852, sur la demande de Monseigneur l'Evêque, le curé de la Tardière écrivait le rapport suivant, au sujet d'un fait extraordinaire qui venait de se passer à la Brossardière :

« Célestin Chaillou terminera sa huitième année au mois de mars prochain. Il appartient à des parents presque indigents. Sa mère en a eu peu de soins et elle ne l'exerçait presque jamais à marcher. Pendant un temps considérable l'enfant restait assis sur des pierres humides et au milieu des courants d'air, ce qui lui a occasionné des rhumatismes dans tous les membres; aussi ses jambes étaient-elles contrefaites, très maigres et presque arides. Il était impuissant à pouvoir marcher et ne faisait que se traîner par terre, en s'aidant de ses mains.

» A l'âge de quatre ans, on lui fit essayer deux petites béquilles, mais, étant tombé à la renverse la première fois qu'il voulut s'en servir, il refusa obstinément d'en faire usage. Enfin, au bout de quelques mois, il consentit à les reprendre et elles lui devinrent si familières qu'il dépassait à la course tous les enfants de son âge.

» Pour le guérir, on employa successivement les bains ordinaires, les bains de vapeur, les frictions, etc... Les médecins jugeaient tous la guérison impossible.

» Au mois de juin dernier, ses parents firent un voyage à la chapelle de la Brossardière, et ils promirent une neuvaine pendant l'octave de l'Assomption. A partir de ce moment, ils remarquèrent que les membres de leur enfant se fortifiaient de plus en plus; quelquefois même il marchait sans ses béquilles, mais en chancelant, et comme un enfant qui fait ses premiers pas. Encouragés par ces résultats, ils commencent la neuvaine promise et ils se rendent à la chapelle le dimanche 16 août. L'enfant les accompagne en marchant à l'aide de ses béquilles et il fait assez facilement le trajet qui est d'environ huit cents mètres. Leur prière terminée, ils sortent de la chapelle, mais l'enfant ne peut plus marcher, même en se servant de ses béquilles : « La Sainte Vierge, dit-il, m'a rendu malade, je ne viendrai plus la voir. » Une fièvre violente venait de le saisir.

» Pendant neuf jours, cette fièvre continua avec la même intensité ; l'enfant ne pouvait s'aider d'aucun de ses membres, et il fallait le lever et le soigner comme ceux qui sont au berceau.

» Le neuvième jour, ses parents l'avaient confié à la

garde de sa sœur, âgée de onze ans, pendant qu'ils étaient eux-mêmes absents de la maison. Tout à coup le malade s'écrie : « Je veux me lever ! » Et, en effet, il s'habille lui-même. Pendant ce temps, sa sœur va chercher ses béquilles. « Je n'ai pas besoin de bâtons, dit-il, je suis » guéri ».

» Il disait vrai ; il était bien guéri. Depuis ce moment, il ne s'est plus servi de ses béquilles. Ses parents les ont déposées dans la chapelle de la Brossardière, en souvenir de la bonté de Marie pour leur pauvre infirme.

» La neuvaine, qui avait été abandonnée après le voyage du premier jour, fut reprise par l'enfant lui-même et se poursuivit en actions de grâces.

» Depuis cet enfant a toujours bien marché.

5. — AUTRES GUÉRISONS DIVERSES

En 1820, Pierre Thibaud, habitant du village de la Brossardière, fut, à la suite d'une neuvaine, subitement guéri d'un mal de jambe et laissa ses béquilles dans la chapelle.

— Un enfant, Souchard, du village du Pin, fut apporté par sa mère à la Brossardière, le 14 mai 1848. Cet enfant, quoique déjà d'un certain âge, n'avait jamais fait usage de ses jambes. Il commença à marcher ce jour même, avant de sortir de la chapelle.

— Une femme Gobin, de la Pardière, paroisse de Saint-Pierre-du-Chemin, obtint aussi pour son enfant la guérison radicale d'une hernie.

On pourrait encore raconter d'autres faits extraordinaires de guérison ; mais les âmes pieuses qui viennent prier Notre-Dame de la Brossardière sont si bien persuadées de la puissance de cette bonne Mère que des récits plus nombreux n'ajouteraient rien à la confiance qu'elles ont placée en elle.

Puissent ces quelques pages écrites sans recherche et sans art *augmenter* encore dans les cœurs de ceux qui les liront la dévotion pour Marie et pour son humble sanctuaire de la Brossardière ! Celui qui les a tracées ne fait qu'accomplir un devoir de reconnaissance. Lui aussi, il n'oubliera jamais qu'un jour Marie l'a arraché des bras de la mort, au moment où il lui offrait un hommage de sa piété d'enfant. Aussi a-t-il résolu de consacrer sa vie à la faire aimer de plus en plus par tous ceux qui l'entourent. Et il s'estimera bienheureux si ses faibles efforts peuvent faire grandir dans quelques âmes l'amour et le culte de cette bonne Mère du ciel.

APPENDICE

RÈGLEMENT

DE LA CONFRÉRIE DE NOTRE-DAME DE LA BROSSARDIÈRE
Dite Confrérie de la Bonne-Mort

BUT DE LA CONFRÉRIE

De toutes les grâces, la plus nécessaire au chrétien est celle d'une bonne mort, et le moyen le plus sûr de l'obtenir, c'est de vivre saintement et d'avoir une grande dévotion pour Marie.

C'est ce précieux résultat que se propose d'obtenir la Confrérie de Notre-Dame de la Brossardière, dont voici le Règlement.

1.

Obligations. — Les Associés réciteront exactement leurs prières du matin et du soir en y joignant l'invocation : « *Notre-Dame de la Brossardière, priez pour nous.* » Autant que possible, ils feront chez eux ces prières en commun et devant l'image de la Sainte Famille.

2.

Ils réciteront aussi chaque jour, selon l'habitude de toute personne pieuse, un chapelet entier, ou tout au moins quelques dizaines, de manière à pouvoir arriver au bout du Rosaire à la fin de chaque semaine. Ils pourront ainsi être inscrits dans la Confrérie du Rosaire et avoir part aux grâces les plus nombreuses.

3.

Ils sanctifieront tout particulièrement les fêtes de la Sainte Vierge, surtout par la réception des Sacrements. Chaque année, quand arriveront les pieux exercices des neuvaines de la Brossardière, ils aimeront à y assister, afin d'y retremper leur dévotion envers Marie.

4.

Les jeunes filles que Dieu appellera à la vie religieuse ou à l'état du mariage viendront, par un pieux pèlerinage, quelques jours avant de s'engager dans leur vocation, se recommander dans ce sanctuaire à la maternelle bonté de Marie.

5.

Les pères et les mères, à qui Dieu aura donné la joie d'un nouveau-né, tâcheront aussi de venir, le plus tôt possible, présenter leur enfant à Notre-Dame de la Brossardière. Et en cela ils imiteront Joseph et Marie faisant le voyage de Jérusalem pour offrir Jésus au temple.

6.

Conditions d'admission. — Toute personne, à partir de la 3ᵉ communion, pourra être admise dans la Confrérie. Le Directeur sera M. le Curé de la Tardière et c'est à lui qu'on s'adressera. L'inscription se fera à la sacristie de la chapelle de la Brossardière, sur le registre de l'Association. On versera aussi, chaque année, à l'époque des neuvaines, une cotisation de vingt-cinq centimes.

7.

Avantages. — Cette cotisation dont profitera le sanctuaire, servira encore pour faire célébrer trois messes en faveur des Associés. Ces messes seront annoncées à l'avance et on les dira pendant les neuvaines. La première sera pour les Associés vivants qui auront dans l'année versé leur cotisation, et les deux autres pour tous les Associés défunts, qui seront morts depuis l'érection de la Confrérie.

8.

A ces deux dernières messes, des prières publiques seront faites pour tous ceux qui seront morts dans l'année, et on fera connaître leurs noms et la paroisse de chacun d'eux. Pour cela, les familles qui perdront un membre faisant partie de la Confrérie, voudront bien faire avertir M. le Curé de la Tardière pour qu'il puisse en faire l'annonce à la neuvaine suivante. . . . .
. . . .

VU ET APPROUVÉ

Luçon, le 25 Septembre 1896.

† CLOVIS-JOSEPH, Evêque de Luçon.

INDULGENCES
DE LA CONFRÉRIE DE LA BONNE-MORT

I. — INDULGENCES PLÉNIÈRES

1. Le jour de la réception dans la Confrérie, si on se confesse et que l'on communie.

2. A l'article de la mort, pourvu que, confessé et communié, ou, si l'on ne peut recevoir les Sacrements, pourvu que, vraiment contrit, on prononce de bouche, et en cas d'impossibilité, au moins de cœur, le nom de Jésus, ou que l'on donne quelque signe de contrition.

3. Une fois par mois, le vendredi ou le dimanche dans lequel se fait la réunion de la Confrérie devant le Saint-Sacrement exposé, à condition que l'on se confesse et que l'on communie dans l'église de la Confrérie, puis que l'on assiste pieusement à l'exposition du Saint-Sacrement, et qu'on y prie aux intentions ordinaires.

4. Aux fêtes de Noël, Epiphanie, Pâques, Ascension, Pentecôte, Sainte-Trinité, Fête-Dieu, Purification, Assomption, Nativité, Immaculée-Conception, Saint-Joseph, Saint-Jean-Baptiste, Toussaint, et à la fête de chacun des Apôtres, si, après s'être confessé, on communie dans l'église de la Confrérie et que l'on prie aux intentions ordinaires.

5. A la fête du Patronage de saint Joseph (3e dimanche après Pâques), et à la fête des Sept Douleurs de la Très Sainte Vierge (3e dimanche de septembre), à tous les Associés qui, s'étant confessés et ayant communié, visitent pieusement la chapelle ou l'église de la Confrérie et y prient aux intentions du Souverain Pontife. La visite peut se faire à partir des premières vêpres et jusqu'au coucher du soleil de ces deux jours de fête.

6. Enfin, les Associés peuvent gagner les Indulgences des *Stations de Rome,* si, durant le temps du Carême ou pendant le reste de l'année, aux jours des stations, ils visitent pieusement l'église ou la chapelle de la Confrérie, ou bien, aux endroits où elle n'existe pas, une autre église quelconque et y récitent dévotement sept *Pater* et sept *Ave Maria.*

II. — INDULGENCES PARTIELLES

1. *Sept ans et sept quarantaines* pour les Associés qui, dans l'après-midi du vendredi ou du dimanche, assistent à l'exposition du Saint-Sacrement dont il a été question plus haut et y prient pour les besoins de la sainte Eglise.

2. *Un an*, chaque fois que les Associés accompagnent au cimetière le corps d'un défunt, ou, s'ils sont empêchés de le faire, soit par la maladie, soit par un autre obstacle, chaque fois qu'au son de la cloche recommandant aux prières des fidèles un défunt ou un malade, ils récitent à genoux, autant du moins que leur infirmité le permet, un *Pater* et un *Ave* pour l'âme du défunt ou pour la santé du malade. — Même indulgence, chaque fois qu'ils assistent aux assemblées, aux offices ou aux instructions de la Confrérie; chaque fois qu'ils entendent la Sainte Messe durant la semaine, ou font avec soin l'examen de conscience du soir, chaque fois enfin qu'ils visitent des malades ou des prisonniers.

Toutes ces Indulgences sont applicables aux âmes du Purgatoire.

INDULT. — Les Associés qui sont en voyage ou qui demeurent à un endroit où la Confrérie n'est pas établie, peuvent cependant gagner toutes les Indulgences, pourvu qu'au lieu où ils se trouvent ils accomplissent, soit dans une église, soit ailleurs, comme ils le pourront, les œuvres prescrites par le Saint-Siège.

(Benoît XIII, bulle *Redemptoris nostri*, du 23 septembre 1729, paragraphe 10.)

TABLE